LE GRAND JARDIN

DE L'UNIVERS,

ou se trouvent Coloriées,

les Plantes les plus Belles,

les plus curieuses et les plus rares

des quatre parties de la Terre,

formant la continuation

de l'herbier de la Chine, de la Collection

des Fleurs de la Chine et de l'Europe, des dons

merveilleux dans le règne Végétal et du jardin D'éden.

Par M^r.

Pierre - Joseph Buchoz

Medecin Botaniste et honoraire de Monsieur,

et membre de plusieurs academies.

A PARIS.

Chez l'Auteur, Rue de la Harpe la 1re porte cochere au dessus

du Collège d'Harcourt.

1785.

Diospyros Kaki, suppl. Linn. La Figue Caque, le Tsi des Chinois.

Musa paradisiaca. *Linn.* Le Bananier.

Fig. 1. Musa simiarum. *Rumph.* Le Bananier des Singes.
Fig. 2. Musa Troglodictorum. *Linn.* Le Bananier des Moluques.
Fig. 3. Musa alphurica siue Ceramica. *Rumph.* Le Pissang Alphura.

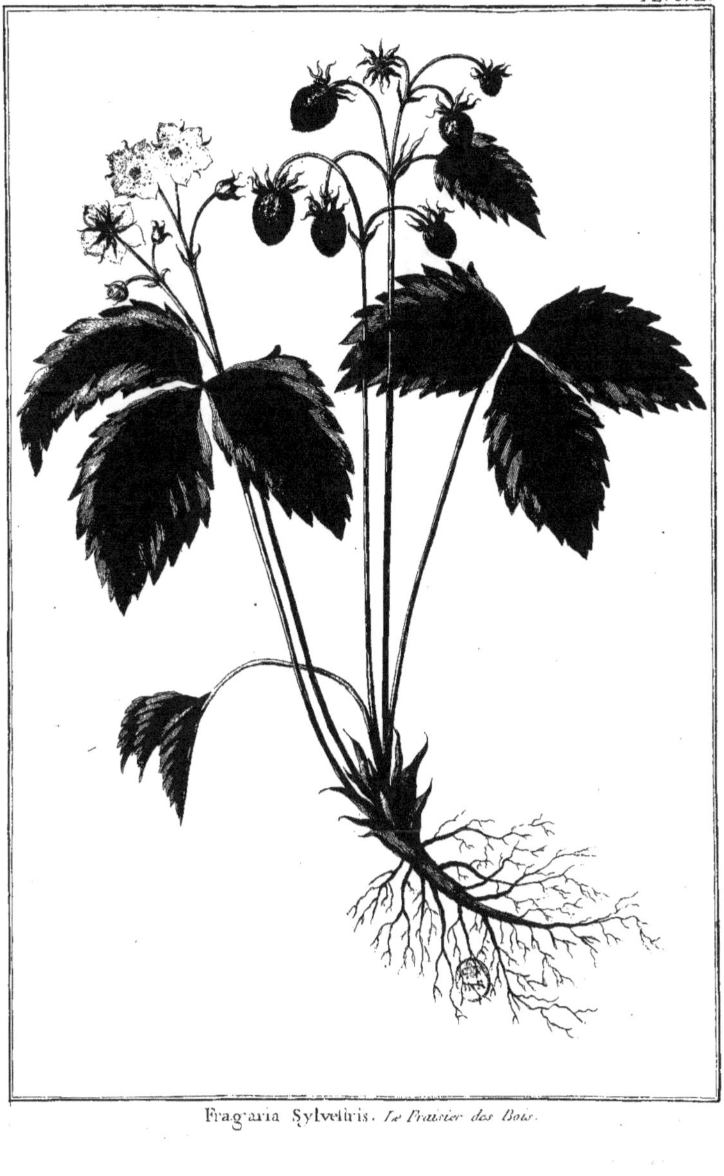

Fragaria Sylvestris. *Le Fraisier des Bois.*

Amygdalus Sativa. *L'Amandier cultivé.*

Prunus armeniaca. Linn. L'abricotier commun.

杜
蔞
子

Mangifera Indica. lim. les Mangues, le Mango

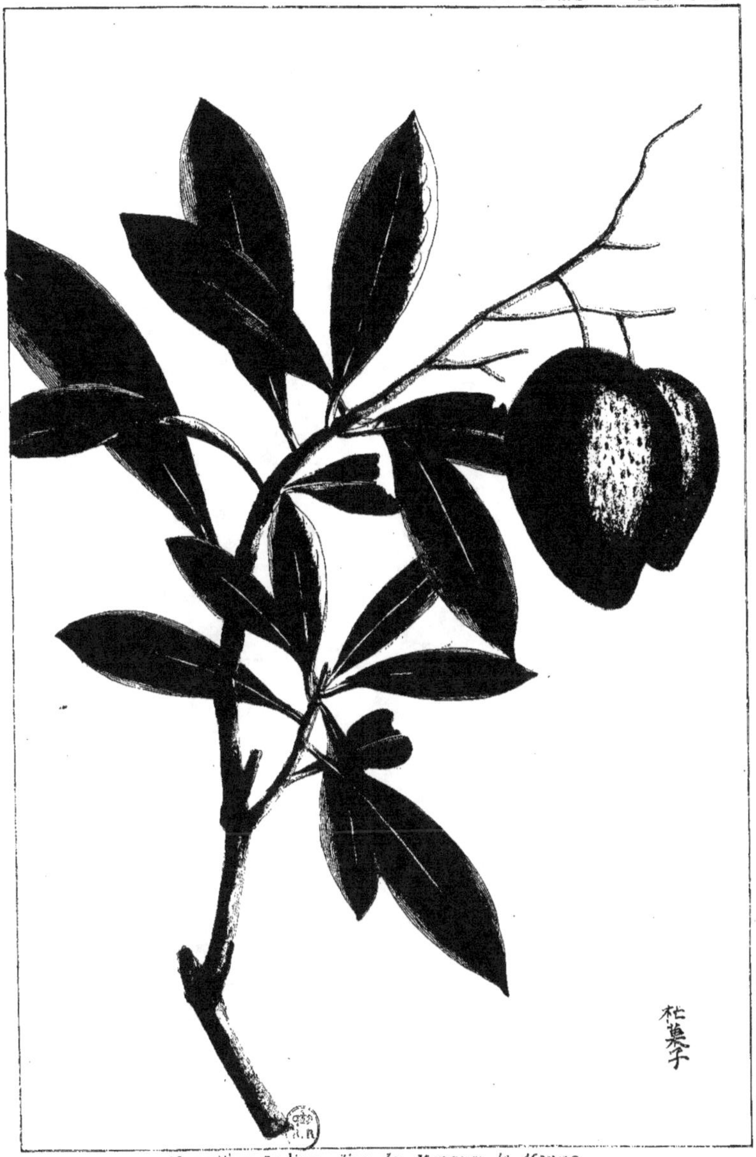

木樨花

Roy-fa. an rhamni Species?

fong-li an pruni species? *Abricotier Rouge*

Citrus decumanus. *Linn.* Orange pom-pelmoës. loyau.

Melia azadirachta. Linn. l'Azedarach des Indes. Tong-ya-o-cha. Arbre, qui donne de l'huile pour la Menuiserie.

Citrus digitata nobis. *heung-yune. Monstres doigtiés.*

ye-hop-fa. *fleur coco.*

Spigelia anthelmia. Linn. le Contrevers

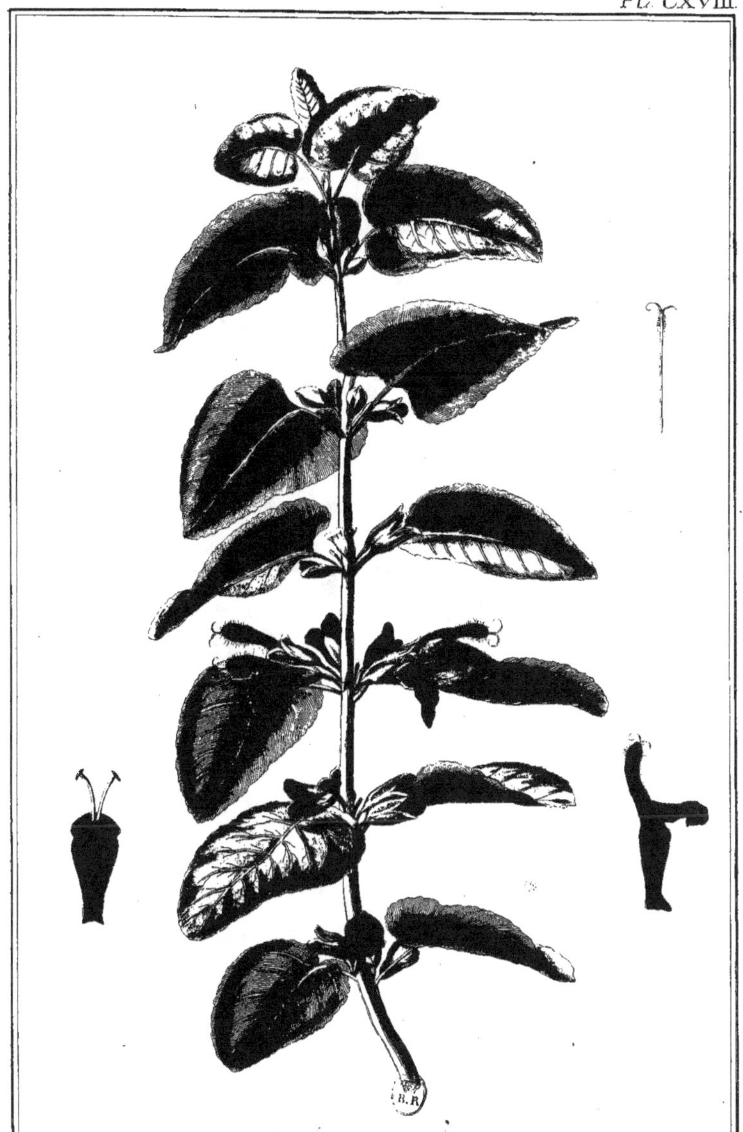

Salvia leonuroides. la Sauge a fleurs de leonurus.

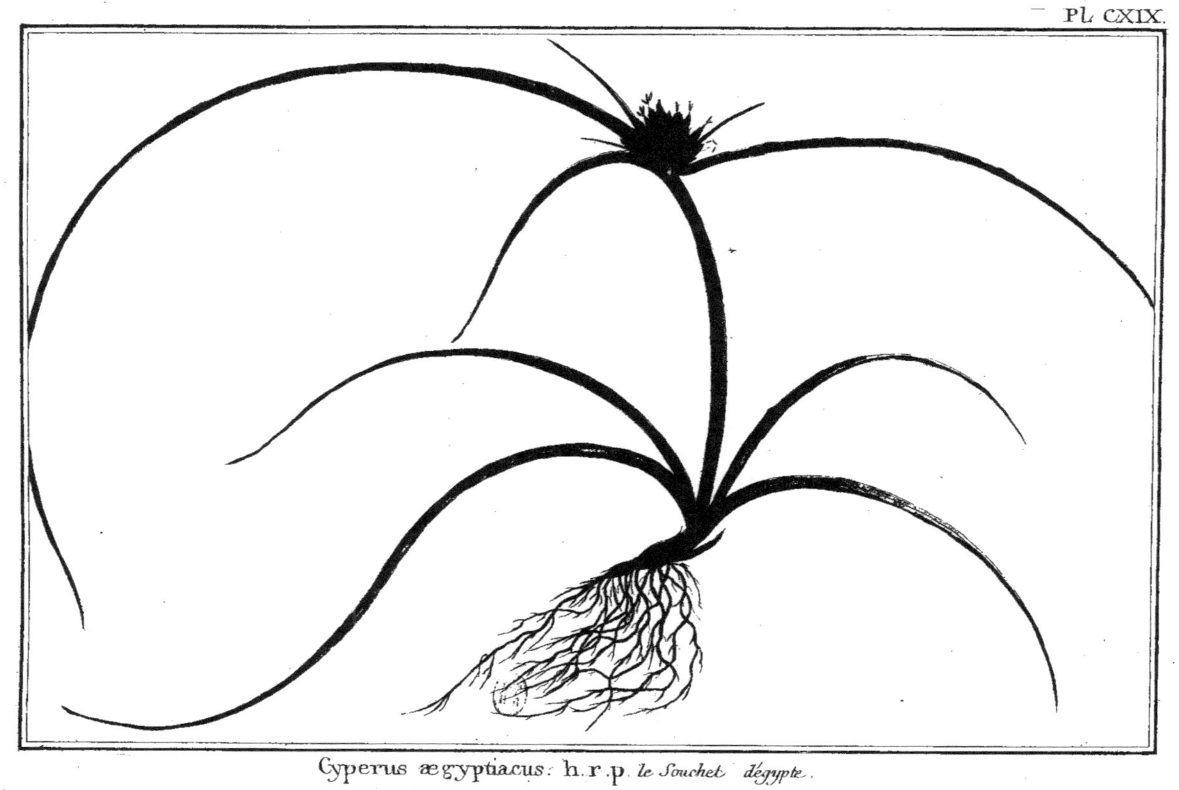

Cyperus ægyptiacus: h. r. p. le Souchet d'égypte.

Papaver orientale. *Tour. pavot oriental.*

Tagetes variegatus. *nobis. l'œillet d'inde a fleurs panachées*

Columnea. scandens. *Linn. la colomne grimpante.*

Cyperus madagascariensis -nobis. Souchet de madagascar.

Cinchona officinalis. Linn. le quinquina des Boutiques.

Sideritis lanata. *Linn. la Crapaudine laineuse.*

Calonnea pulcherrima. *nobis. la Calonne tres belle.*

Ribes Cynobasti. *Linn.* legrosellier d'amerique.

Celastrus lucidus. *Linn. le Bois de merle luisant.*

Prunus sinensis. H.R.P. *le prunier de la Chine a fleur double.*

Orchis morio. Linn. l'orchide des boutiques.